JN410505

철학자 산들이

문복주 시집

문학의전당 시인선
144

철학자 산들이

문복주 시집

문학의전당

시인의 말

무엇이던 보는 대로 새겨지고 느껴지고 기억되던
첫 만남들이여,
처음 보았던 맑고 깨끗하고 아름답던 그대로의 너를
간직하고 가리라.

파란은 내가 푸르게 날았던 세상.
만장은 내가 바라본 꽃 같은 죽음.

2012년 겨울
문복주

차례

제2부 파란만장(波瀾萬丈)

제3부 야생의 정신사

제4부 함양감사 되어

제1부 철학자 산들이

파블로프의 개

나를 향하여 전속력으로 달려오던 개
그러나 오, 놀라운 비극
목줄만큼의 간격에서 딱 멈춰서버린
오, 비정한 오, 불쌍한

나의 생이 그랬다

철학자 산들이

이 놈은 처음부터 수상했다
잘못 태어나 개가 된 것이 아니다
처음부터 자신이 개를 선택한 것이다
인간이 사슬로 묶으리라는 것을 알면서도
인간을 거부하고 개가 되었다
먼 산을 보며 사유하는 눈
목줄을 매든 풀든 상관치 않는 자유로움
밥을 주어도 며칠 굶겨도 절대로 비굴하지 않는 의연함
흠씬 두들겨 패면 팰수록 내가 측은하다는 듯
한참을 쳐다보는
때로 인간사 알 수 없다는 듯
고개를 갸우뚱 기울이고 잔디밭을 걷는다
개장수의 다섯 마리 새끼 가운데 선택되어 온
천박한 출신과 비극적 운명을 아는지
눈은 언제나 슬프고 깊다
행동은 어눌하지만 결국은 지혜에 닿는다
한결 같은 신조
개의 이름을 더럽히지 않는다

환경을 탓하지 않는다
경박하게 아무 때나 짖지 않는다
인간의 행복은 나의 행복과 다르므로 탐하지 않는다
눈 내리는 깊은 산골
하얀 산천을 바라보며 의젓이 앉아
구스타프 말러의 교향곡 6번 〈비극적〉을 들으며
꼬리를 간간히 흔들고 있는 저 놈을 보라
철학자인가 삶을 거부하는 똥개인가

주인이 된 산들이

철학자 산들이에게도 노예의 시절이 있었다
내가 프란의 종을 울리며 현관문을 열고 나가면
논밭 두렁을 어슬렁거리던 그는 침을 흘리며 내게 다가온다
산을 갈 때나 이웃 마을을 갈 때나 읍내를 갔다 올 때
산들이는 충직한 종이 되어
주인인 내 주변을 춤추며 열심히 따라다녔다
그러나 어느 날부터였던가 그가 나의 주인이 되고
내가 그의 종이 된 것은
아내가 심어 놓은 마당가 꽃들의 목이 부러지고
텃밭 채소가 만신창이 되고 이웃집 염소 세 마리 연이어 물어 죽인
그리하여 벚나무 기둥에 묶어 둔 그날부터
그는 자유가 되고 나는 그의 충직한 종이 되었다
아침에 일어나면 그를 찾아 문안 인사를 한다
시간에 맞게 잘 준비된 양식을 허리 굽혀 올린다
쉴 만한 물가 푸른 초장에서 기지개 켜며 간간이 측은한 듯

나를 바라보는 산들이
나는 뙤약볕에 쭈그려 앉아 잡초를 뽑고
곡괭이와 삽으로 질질 땀 흘리며 채마밭 일굴 때
주인님은 벚나무 그늘 아래 이제 아주 코를 고시며
세상사 귀찮다는 듯 늘어지게 주무시고 계신다

칸초

얼렁얼렁 옆집 가면 칸초가 있다
서양 년 아니랄까 봐 제 눈앞까지 털로 가리고
빨간 리본, 노랑나비 넥타이, Nix 청바지, 꼬리엔 또 무엇
얼렁얼렁 찾아가 창가로 들여다본 그 애
소파에 앉아 소시지 먹다 얄리얄리얄랑 춤춘다
어쩌다 리무진 타는 그 애와 마주쳤는데
나를 킁킁 냄새 맡더니 저만치 물러선다
종이 틀리다는 건가?

친구들이 거의 다 죽고 헉헉 혀를 내밀던 날
천둥벼락 내리치며 비 오던 밤
미쳐서 얼렁얼렁 동네 한 바퀴 돌 때
담벼락 밑에 덜덜 떨고 있는 그 애를 보았다
왜 그래? 말을 하려 했지만 말을 하지 못한다
왜 그래? 아래쪽을 훑어보지만
냄새가 나지 않는다
너… 다 없는 거야?
칸초가 운다

음… 그러니까… 칸초야,

우리는 개야 음… 그러니까. 사람이 아니지.

음… 그러니까 개는 개를 생각하며…

칸초는 무어라고 말하려 한다

하지만 소리가 없으니 내가 대신 컹! 컹! 컹! 짖어준다

칸초의 크고 깊은 눈이 빛난다

꼴통 스승님

술 한 잔 먹고 돌아오다 스승님을 찾아뵈었다
일체만강하옵신지요
나를 측은히 바라본다
오늘 세상이 더러웠습니다
문학판이 더러워 한잔 했습니다
잠자다 깨어나 문안이 귀찮다는 듯
고개 돌린다
스승님, 뭐라고 말씀해 보십시오
왜 나한테는 짖지도 않고 깨우침도 주지 않습니까?
횡설수설에 한걸음 더 물러서서 다시 측은히 바라본다
정치도 문학도 내 인생도 개판…
그가 침을 흘리며 귀찮다는 듯 아예 턱을 괴었다
개판* 그 뜻을 아직도 모르고 살다니 한심한 사람
남의 개판을 알기보다 먼저 자신의 개털을 알아야 하는데
그가 내 뺨을 핥는다
위를 보게
삼대를 거쳐 내려온 우리 집 가훈일세

— 개답게 바르게 살자

나는 그날 꼴통 스승님께 큰절을 했다

---

* 관 위에 덮는 덮개

발레하는 산들이

그를 버리기로 한 것은 우리의 묵계
할 수 없는 길
운명의 길이 다르다는 것을 그때 알았다
운명이 어떻게 만들어지는지도 그때 알았다
그는 인간에게서 개로 돌아갔고
우리는 개에서 인간으로 돌아갔다
개장수에게 부탁했다 그래도 죽이지는 마세요
비로소 세상 이치를 정리하고 여유가 생겨 주변을 산책할 수 있었다
가보지 못한 계곡을 나는 아내와 손을 잡고 올랐다
어디선가 개들이 짖었다
인적 없는 산골에서 개들이 목을 놓고 짖고 있었다
가까이 갔을 때 개떼들이 철창에서 울부짖고 있었다
그 중 한 마리의 개가 허공을 날아와 철창에 머리를 꽂았다
우리는 러시아 볼쇼이단의 기막힌 발레를 보았다
너무나 환희여서 다 표현할 수 없는 자태로 날아다니는
한 마리의 하얀 개

온몸 부들부들 떨며 두 눈의 광채와 전율로 철창에 머리를 박는
백야의 하얀 절규
우리는 다하지 못한 사랑이 죄라는 것을 그때 알았다
능선이 골골이 흘러 한 끝에 닿거나 닿을 수 없는
어찌할 수 없는 비극과 죄악이
작은 버림에서 비롯된다는 것을 그때 알았다

개의 품계

금빛 월계관이 목줄이 되고 순은의 하얀 털외투가 가진 것 전부라도 믿음이 굴종의 인간보다 낫다며 시를 쓴 개. 종별이 품계를 낮출 수 없다며 씩씩하게 토스카니 행진곡에 맞춰 길을 걷던, 가끔 엎드려 개꿈을 꾸며 개는 개일 때 개답다며 꼬리를 살랑거리고 귀를 쫑긋이며 오늘도 개다운 것이 무엇일까를 사유하는 개. 두 발로 걷는 것보다 네 발로 뛰며 달릴 수 있음을, 의젓한 자세로 짖을 수 있음을, 음식을 거절당하고 한없이 맞는 것도 행복한 과정이라고, 컹컹 지옥에서도 주인을 지키는 케르베로스의 핏줄을 잊지 않는 명문가의 개. 모든 사색과 명상이 끝나면 기지개를 한번 펴고 킁킁 냄새를 맡고 산천을 살핀 후 오른발로 쓱쓱 흙을 정지하여 한 편의 시를 써내려 간다.

따스한 생각과 신의는 아름다운 것
부끄러워하지 않는 자존은 의젓하여라
내가 한밤에도 자지 않고 짖는 것은
개의 품계를 지키기 위한 것
믿음이 나를 이미 자유롭게 하였으니-

별난 개

병곡 오를 때면 걱정이 앞선다. 어떻게 그 집 앞을 지나갈까. 산길 따라 차 몰고 가다 보면 사자의 위엄을 갖추고 길 한가운데 앉아 조금도 비켜서지 않는 개. 몇 번의 클랙슨은 야성의 그리움일 뿐 세상의 어리석은 문명을 초월했는지 해지는 노을 아프리카의 평원을 반추하며 삶도 죽음도 떠나 있다.

그의 앞에 서서 그대의 아들을 잘 기르고 있노라. 주문을 외자 아주 거만한 자세로 천천히 일어나 길을 비켜선다. 산 자의 어미는 아무리 늙어도 새끼를 잊지 않는 법. 산들이가 그곳을 떠나온 지 얼마인데 어미를 까마득히 잊고 새 삶을 산 지 얼마인데 젖 떼기 전 새끼를 가져간 차를 어미는 기억하고 있다.

병곡 마을 길 한가운데서 새끼를 돌려달라고 끝까지 1인 시위하는 별난 개가 산다.

산들이의 명상

음, 그러니까 내가 개가 된 것은
너는 개가 되어라라는 아주 오래전 계시 때문이지
너는 사람이 되어라라는 주인님의 계시가 있었다면
나는 사람이 되었겠지
계시란 태어날 때 느끼지
나는 개이구나 느낌이 와
어느새 몸과 마음은 모두 개로 바꾸어져 있지
그러면 나는 개로 충실하게 사는 거야
개가 사람으로 살려한다면 그게 바로 비극이야
주인님의 뜻을 거스르는 것이니 그 개가 온전하겠나
나도 선조로부터 들은 얘기인데 개가 신이 되었어
몇 세기에 한 번 아니면 두 번 한두 마리쯤 나타났어
머리가 셋 달린 케르베로스라는 개 이름을 들어본 적 있나?
이 개는 산 자와 죽은 자의 경계에 서서
사람의 영혼마저 관장하네
라이카 선조님은 우주선을 타고 우주로 달려 나갔다네
얼마나 멋진가!

무조건 개가 사람이 되려 하고 개가 신이 되려 한다면
개죽음뿐이지만
개답게 살면 사람도 된다는 것이네
사람도 사람답게 살지 못하면 개가 될 수 있다는 것이네
무엇이던지 믿음과 충성이 중요하다고 했네

개소리

큰 개가 작은 개에게 말한다
주인은 이제 우리 곁을 떠났다
우리에게 개밥을 주려다 콩밥을 먹으러 갔다
그래도 우리를 아직까지 먹여 살렸으니
너는 신문을 물어라
큰 개가 신문을 작은 개에게 넘기고 사람 많은 역전에서
구두를 물고 뛰는 것을 본다
이제는 구두를 물어라
작은 개가 구두를 입에 물고 뛰었다
큰 개는 영화 포스터와 암표를 입에 물고 부지런히 다녔다
큰 개는 극장가에서 늘 으르렁거리며 물고 뜯고 싸웠다
작은 개는 개세상이 정말 죽도록 싫었다
작은 개는 꼬리를 사리고 어정거리다 먼 곳으로 떠났다
아무리 먼 곳에 있어도 늘 큰 개가 생각났다
주인이 아직도 콩밥을 먹고 있는지 늘 생각이 났다
컹 컹 컹 의젓하게 위엄 있게 이 동네에서 짖어 보지만
그 옛날 짖던 개소리가 아니다

이상하다
개가 짖으면 개소리여야 하는데
아무리 짖어도 개소리가 아니다

개코

그렇다면 개코가 남아 있다
그까짓 집을 찾아가는 것은 머리가 아니다
삼천 구멍에 삼천 개의 냄새를 간직한
위대한 개코
비록 비천한 냄새였지만 최대의 향연이었던 삼천의 기억
견딜 수 없었지만 우루루 몰려 뺏길세라
구질구질 우악스럽게 먹어대던
개밥의 풍성한 향연
그 냄새로 천리 길을 달려갈 수 있다
천리 길이란 그리움이다
몸의 한끝 가령 인간처럼 머리가 아닌
개코에 목숨을 걸었다면
무서운 그리움이 개코 끝에 있다
개코로 세상 끝이라도 찾아갈 수 있는 것이다

미친 개

나는 상추가 좋다
상추를 보면 소주 한잔 생각나
상추잎 꼭 따 물고 달아난다
아무도 없는 숲속으로 달려 나간다
나는 꽃이 좋다
꽃잎을 보면 꽃잎 꼭 따 물고 달려 나간다
아무도 없는 계곡으로 달려간다
이상혀라 저놈의 개 미쳤는갑다
무슨 놈의 개가 상추밭에 상추
꽃밭에 꽃잎 죄다 따 물고 지랄한다시냐
나는 미쳤다 해도 상추가 좋다
나는 미쳤다 해도 꽃잎이 좋다
상추를 보면 꽃잎을 보면
그녀와 컹컹컹 짖으며 지랄하며 노래하던
산과 바다 생각나
미치지 않을 수 없다

말하는 개

우리 집엔 말하는 개가 산다. 이 말하는 개를 보려고 각지에서 개들이 몰려왔다. 말하는 개가 개들에게 말했다. 개답게 바르게 살자. 요즘 개답지 않은 개들이 너무 많아 걱정이다. 파마하고 리본 달고 개목걸이하고 넥타이 매고 비키니 입고 이름표 달고 꼬리표하고 다닌다. 개 미용실이 생기고 개 사우나가 생기고 개 식품에 개용품 전문매장이 생기고 개 전문병원 개 공원 개 호텔이 생겨 호황을 누린다. 너희가 무릇 개이냐 사람이냐. 개 족보가 생기고 개 주민등록이 생기고 개 묘지가 생기고 개 유산상속이 등재된다. 사람 말대로 개판이 되었구나. 개면 개답게 바르게 살아야 하는데 인간과 같이 침대에서 자고 먹고 차 타고 알랑알랑 사랑받고 논다고 개가 사람이 되었다고 착각하지 말라. 그것이 너의 슬픔이다. 목청 잘리고 거세당하고 오만 잡것에 교배 당하고 차에 치이고 병들고 늙고 장애자가 된 친구들이 거리에 버려져 몰려다니는 무리들을 생각하라. 개답게 바르게 살아라. 컹컹 짖어라. 네가 짖음으로 집을 지키고 주인을 지키고 늠름하게 동반자가 될 때 너는 개다운 개가 된다. 개는 개일 때 살아남는다.

개는 개일 때 아름답다는 것을 알라

우리 집엔 말하는 개가 산다. 사람들이 그 개가 어디 있느냐고 묻는다. 나는 말한다. 그 개가 죄송하게도 나입니다. 내가 말하는 개입니다.

견공(犬公)의 하루

나는 일찍 일어납니다. 개집을 나와 연못가에서 목을 축이고 금붕어를 셉니다. 15마리. 닭장에 갑니다. 12마리. 오늘 달걀은 3개입니다. 텃밭과 창고 쪽을 돌아봅니다. 밤고양이와 두더지 족제비들이 문제입니다. 이상이 있으면 경계를 강화해야 합니다. 현관에 가 주인을 기다립니다.

오늘은 월요일이니 8시에 주인이 나올 겁니다. 주인에게 목줄을 주고 나는 경쾌히 앞서 걷습니다. 파리바게트 빵가게에 가고 공원을 산책하다 병원으로 갑니다. 주인은 당뇨 십년에 실명했습니다. 중앙시장 몇몇 가게를 들러 식품을 삽니다.

내가 지나갈 때면 사람들이 말합니다. 저 개가 티비에 나온 그 산들이야? 불 속에서 어린아이를 물고 나왔다며? 급류에 휘말린 주인을 구했다며? 개장수에 끌려갔었는데 줄을 끊고 천리 길을 달려 집으로 돌아왔대. 외국으로 지진참사 구조도 나갔다지. 강당에서 강연하는 모습도 봤어.

나는 사람의 말들을 바람에 날리며 조금 빠르게 걷습니다. 오늘은 주인이 조금 바쁘기 때문입니다. 사실 나는 그렇게 훌륭한 개가 아닙니다. 어느 개인들 그런 행동을 하지 않겠습니까. 나는 개답게 행동했을 뿐입니다.

제2부 파란만장(波瀾萬丈)

칸타타

하늘 날고 싶었네
고추잠자리 칸타타 음률을 타듯
황혼 들판을 가벼이 빗살치고 싶었네
나는 정말 하늘 날고 싶었네
수리매처럼 까마득히 하늘을 날다 실종되어
보이지 않는 저편 세상에서
칸타타
아름다운 우리의 사랑 노래 부르며
자유로이 춤추고 싶었네

파란만장(波瀾萬丈) 1

파란은 내가 푸르게 날았던 세상
만장은 내가 바라본 꽃 같은 죽음
파란만장한 길을 살아 내가 간다
그 어둠 아무리 캄캄해도
찾아가는 불편한 고집
파란만장할수록 더 생생한
흔적을 더듬어
짐승으로 가는 길
나에겐 어둠의 길을 가는 비법이 있다
일만 킬로 넘어 희끗희끗 보이는 불빛
느낌으로
일만 파도 빗겨 언뜻언뜻 출렁이는 손짓
마음으로
기어이 찾아가는 파란만장

길은 캄캄하다

캄캄한 밤은 캄캄하다
아무리 캄캄해도
걸어가는 길의 끝
마음의 저 불빛 하나면 충분하다
캄캄한 밤은
아무것도 보이지 않지만
비 오는 숲의 길은 소리로 길을 열기에
귀를 열어 관현악으로 가면 된다
다 가지 않아도 다 아는 길
눈 감고 반쯤은 벌써 걸어왔다
참 쓸쓸하지만
캄캄한 길은 더욱 아늑해
저수지 언덕길을 넘으면
그때부터 누가 나를 부르는 것 같다
누가 꼭 옆에 있어
같이 오래 걸었던 길을
함께 걸어가는 것 같다

나 한때 까까머리 스님 아름다워

나 한때 파르라니 깎은 까까머리 스님
너무 아름다워
스님 된다고 떼쓴 적 있다
스님 뒤로 몰래 다가가 뒤통수 만지다
파란 정맥에 손 데인 날부터 나는 산을 잊었다
나를 바라보며 빙긋 웃던 까까머리 스님
부처가 되었을까
중학교 때 출가해 산에 사는
스물 남짓의 일현 스님을 보면
불의 머리에 데인 상처가 다시 아린다
낭랑한 목탁소리 귓전에 맴돌고
낭랑한 독송 잠자리까지 좇아와 있다
아직도 앳된
푸르스름 빛나는 까까머리 일현 스님
인생이 답답하지는 않는지요
세상은 어떻게 살아도 다 같지요
인생 도를 제가 다 알면 어찌 스님이 되었겠습니까
파르라니 깎은 까까머리 아름다운 스님

가끔 집에 들렀다 간 날은 바람마저 청명하게 분다

성스런 어머니

당신의 침대가 부서져 있다구요
오십 만원 부칩니다
창문 틈새로 북풍이 몰아쳤다구요
이십 만원 부칩니다
성스런 어머니

죽으면 영원한 침대
영원한 바람
하나도 버릴 것 없는 친구겠지요
밀가루 한 봉지 꾸어오다 빙판 길에 넘어져
울며 가루를 줍던 아이 혹 기억에 남아 있나요
이틀 굶고 입학시험을 보러 무엇 휘청이며 걸어갔을까요
성스런 어머니

어제 당신의 목에 스무 돈의 금목걸이 걸어준 둘째 누이
눈가에 고이던 이슬의 눈부처 보셨나요
언니 이름 빌려 들어간 공장에서
십년 내내 소녀 대신 트랜지스터 부품을 끼우고

당신의 목에 금뼈로 견고히 세운
이제는 애기 낳고 웃는 뻐덩니 누이를 보며 나는 울어요
성스런 어머니

아홉 자식 줄줄이 당신의 품 안에서 나왔지요
아직도 쉬지 못한 무너진 침대를 위하여 오십 만원 부칩니다
쉬지 못한 바람을 위하여 이십 만원 부칩니다
아홉 모두 한결같이 아직도 세상 벽 그늘에 붙어 다녀요
편히 쉬세요

성스런 어머니를 버리는 것은 우리의 죄악이지만
오래전부터 십자가에 이미 박혀 계신 성스런 어머니
우리를 버리고 이제는 제발 부활하세요

비밀의 방

동생들이 서해바다 꽃게와 우럭과 돈을 부쳐왔다
꽃게탕에 우럭찜에 소주 한 잔 걸치고
산골 마당에 나와 먼 산 바라보니
하늘은 커다란 스크린
등장인물 하나하나 나타나며 영화가 시작된다
지금은 하늘에 계시지만
어머니 뱃속 그 작은 한 뼘 방에서
형님이 살다 세상에 나오고
그 방에서 내가 살다 나오고
그 방에서 누이들이 줄줄이 살다 나와
이 너른 세상에 산다
시집가고 장가가고 새끼 낳고
제 세상 만난 듯 뛰논다
나는 속았다
이렇게 신비한 방 아홉 개나 딸린
대 저택을 가지고 있으면서도
매일 죽는 소리만 한 어머니
이렇게 큰 알부자인 것을

대단한 부잣집에서 태어난 것을
환갑이 되는 오늘에서야 아는
이 우매함
어머니는 비밀의 방을 딸에게만 물려주고 가셨다

해인(海印)에 들다

고해(苦海) 바다에 새긴
부처님 말씀 해인(海印)
절에만 있는 줄 알았는데
팔만사천 번뇌
대장경 천년에 다 익었는지
터져 나와 흐르는구나
무지중생 알 바 없는데
홍류로 옥류로 화류로 풍류로
말씀 말씀이 흘러흘러 새겨지는구나
바위가 솔이 꽃이 폭포가 소리가
푸르청청 지혜가 되어 새겨지는구나
나는 무엇이 될 거나
산이 될 거나 바다가 될 거나
해인에 숨어드는 바람이 될 거나

동백꽃 진 자리

구질구질 추하게 늙지 않기를
자연에의 회귀가 아름다움이라면
스러지는 것 모두 꽃이 되겠지
돌아오지 않는 죽음이 아름답기를
푸른 잎 사철 화려하진 않았지만
한 생으로 피워낸 붉은 꽃 보고서야
꽃이 왜 피었는지 아는 사람은 알겠지
사는 것 소중했다면
앉은 자리 그대로 발밑에 놓아
통째로 지는 순절
기쁨으로 가는 자연 그대로의
회귀였으면 좋겠어

파란만장(波瀾萬丈) 2

파견된 특사 — 일 년에 두 번 방학만 되면 한 달 동안 해외로 파견되었다. 서해5도 중 하나 덕적도 친가로. 여동생은 외가 이작도로. 문중 장손 문영환의 셋째 아들이라는 어패(御牌)를 내밀면 일가친척이 혀를 차며 밥을 주었다. 남평 문씨 종손 할머니는 아이고 내 팔자야 하며 대성통곡했다.

찰떡의 실수 — 인천중학교 입학시험 날. 저녁을 굶고 자면 아침에도 신의 가호가 없는 고요의 집. 친구 어머니 조금만 기다려라. 우리 애가 아직 찰밥을 다 먹지 못했구나. 친구는 떨어지고 이웃집 아이는 두 끼 굶어 정신이 맑아 붙었다. 신의 실수를 처음 본 날.

우리 집 김장법 — 늦가을 새벽 여섯시. 흥정 끝나기 무섭게 기다리던 아이는 수레에 배추 백 포기 이백 포기 싣는다. 냉동의 손이 한 포기 얹을 때마다 보이지 않게 기술적으로 배추 한 잎씩을 떼어낸다. 지략적으로 뜯어낸 쓰레기 배추 잎사귀는 부대에 담겨지고 집에 우거지가 되고

김치가 되고 피가 되고 살이 되고.

연인을 노려라 — 맥아더 동상이 서 있는 인천자유공원. 아이스케키나 하드 사세요. 오 분 후에 다시 와서 아이스케키나 하드 사세요. 오 분 후에 다시 와서 아이스케키나 하드 사세요. 산다. 키익! 굿! 그럼 그렇지. 연인을 노려라. 그게 내 장사 비법.

살인의 서해바다 — 서해바다 갯벌. 물이 나가면 맛살을 잡고 조개를 캐고 물이 고랑을 타고 들어오면 살인의 서해바다가 시작된다. 고랑 물가에 허벅다리 쫙 펴고 앉아 있으면 새끼 꽃게들이 들물을 타고 올라오다 장애물을 콱 문다. 오, 귀여운 것들. 물린 허벅지의 살점과 함께 꽃게를 망태기에 담으면 10원이 된다. 아픔은 언제나 희열이다.

4층 전당포 주인 — 백일장에서 상을 타온 손목시계며 탁상시계며 금메달. 삼성출판사 60권 세계명작이며 라디오. 오늘은 엄마가 아니고 네가 왔냐? 철창 속 구레나룻의

늙은 할아범. 손목시계 찾으러 왔나요? 세계명작 내줄까요? 반 돈짜리 금반지 내줄까요? 나는 밖의 그 노인에게 말한다. 그곳은 사실 내가 주인이다.

모로 가도 서울만 가면 — 공주사범대 입학금 마감 2시간 전. 수차례 공수표 날린 아버지 말씀. 인생을 살다보면 여러 일이 있는 법이다. 좋은 학교 붙었지만 할 수 없다. 모로 가도 서울만 가면 된다. 포기해라. 아버지는 많은 격언을 잘 알고 있었다. 서울은 모로 가면 된다는 것을 그때 알았다. 격언의 격자도 믿지 않는 습관이 그때 생겼다.

집을 찾습니다 — 데모하다 끌려간 군대. 논산에서 전선으로 가다 멈춘 그 이름도 찬란한 수기사 맹호부대. 전방에서 좆나게 기다 1년 반 만에 집을 찾아간다. 누구세요? 아들인데요. 모르겠는데요. 우린 1년 전부터 여기 사는데요. 갑자기 고아가 된 대한민국 군인. 사라진 가족. 이제 어디로 가지. 한나절 낮은 포복으로 기어 산비탈 비탈을 더듬어 찾아간 산동네. 제일 높은 곳까지 다달은 흙집은 아무도 없다. 구질구질 눈에 익은 가구 하나가 오딧세우스의 개처럼 나를 반겼다.

7번의 정사 — 그렇다면 전선으로 돌아가야 하리. 그곳은 밥을 주니까. 총을 쏠 수 있으니까. 그래도 아직 시간이 있으니 돌아가는 길에 사랑을 한번만 만나보고 돌아가자. 첫사랑 그녀를 만나야 하리. 술은 마셨고 정신은 잃었다. 총을 쏘았다. 최후다. 최후다. 이것이 생의 마지막 전투다 하면서 7번의 전투 끝에 장렬히 전사한다. 벌건 대낮 전선을 기어 나오며 눈부신 태양 속에서 블록 벽을 잡고 휘청이다 마침내 나는 태양 아래 쓰러졌다.

죽기 싫어 — 84세의 어머니 임종 바로 직전 외친다. 죽기 싫어! 정말 죽기 싫어! 무엇이 저렇게 생명을 놓지 못하게 하는가. 다시는 영원히 볼 수 없고 만질 수 없고 말할 수조차 없다니 정말 죽기 싫은 것이다. 처절히 내가 울고 있었다. 꿈이었다. 내가 죽기 싫어 눈물 줄줄 흘리고 있었다.

독일병정

술 취해 갔던 단란주점
젊은이, 이리와 봐
흔들리는 아저씨 부름에 나타난 새파라니 깍은 까까머리 미소년
하이 히틀러!
독일병 복장을 한 앳된 소년 하얀 미소로 서 있다
미친 사회를 점령하고 야망의 대제국을 건설하기 위하여
젊음도 모르고 던진 세기의 무모함
부다페스트의 창가에서 한없이 손 흔들던 소녀는 어디로 갔는가
탱크에서 무지하게 쏘아댔던 첫사랑의 포탄들은 어디에 떨어졌는가
푸하하하
눈먼 독재의 난폭한 사랑
향긋하기만 했던 청춘의 화약 냄새
이곳에서 소년은 내 젊음의 우상
독재의 그리움
하이 히틀러!

어디에 갔을까 우리의 야망은
독일 병정에게 술 한 잔 따른 나는 아주 미쳐
이제 젊은이 손을 잡고 무대로 나간다
유어 드림의 북소리에 맞춰
독일 병정과 나란히 행진하며 추는
각진 팔다리 춤
나는 황홀한 히틀러
부다페스트의 젊음
부다페스트의 사랑
부다페스트의 꿈
다시 한 번 오라!

정자의 플라멩코

옵빠, 나 플라멩코 춤출까. 필시 무슨 일이 생긴 것이다. 덧없이 왔다가 떠나는 인생 구름 같은 것. 정자는 주름치마 흔들흔들 딸깍딸깍 하이힐 박자 기막히게 바닥에 두들기며 춤춘다. 16세에 가출해서 지금까지 혼자인 앳된 소녀의 오목 샘이 사십에도 지워지지 않았다. 옵빠, 나 돈 많이 모으게 되면 옵빠처럼 산속에 집 짓고 살 거다. 매일 산에 오르고 산나물 캐오고 들꽃 꺾어와 창가에 두고 살 거다. 사내도 한 마리 키워야지. 박수를 쳐주어야 하는데 정자만 보면 흐릿한 물안개가 시나브로 피어올라 눈시울만 벌게진다. 잘이나 살았으면 얼마나 아름다웠을까. 반주기의 간헐음에 묻혀 흔들리는 치맛자락 아래로 버린 생이 물컹물컹 짓밟혀 나가고 언뜻언뜻 빗기는 조명발 아래 실명의 꽃잎이 하얗게 떨어져 나간다. 옵빠, 나 즐겁게 살거든. 옵빠, 나 산골에 가서 살고 싶거든. 그런데… 그게… 흔들린다. 도시에서도 능선을 굽어굽어 지나는 물안개. 아련한 먼 산 봄날의 버린 꿈이 신록의 치맛자락 아래로 물먹어 마구 번지어 가는 플라멩코의 무정한 경쾌함.

기다란 팔

누가 나를 안을 때
나는 기다란 팔을 생각한다
발끝에서 머리끝까지 폭 안고 캄캄한 세상을 건너
내가 눈을 떴을 때
놀라운 세상이 나타나는 기다란 팔을 가진 사람
기다란 팔과 날개를 가진 사람은 세상에 없다
나는 지금도 잠자면서 기다란 팔을 가진 사람이
나를 안고 어딘가로 날아가는 것을 꿈꾸며 잔다
숨쉬기도 힘들게 나를 껴안고
꽃이 가득 핀 저 세상으로 너를 데려다줄게
말하는
기다란 팔과 날개를 가진 사람
아직도 기다리며 나는 잠든다

대칭 세트

아날로그 TV 1대와 전화기 1대. 한 무더기 약봉지와 물병. 그 위로 푸른 띠 두른 사각모의 젊은이. 초가집 앞에서 배꼽 드러낸 사내아이와 연년생 계집아이들 일렬로 늘어서서 어설픈 웃음 짓고 눈 찌푸리고 서 있는 흑백의 사진 몇 장. 그만 올라갈게요. 그래 애비야, 다음부터는 오지 마라. 서울은 바쁘니께 전화만 하그라.

스마트 TV 1대와 가죽 소파. 향수와 화장품과 와인과 골프채. 그 위로 화관 쓴 아가씨와 젠틀 젊은이. 푸른 띠 두르고 사각모 쓴 여자아이와 흰 와이셔츠에 나비넥타이를 맨 남자아이의 은근한 미소가 깃든 칼라 사진 몇 장. 옷장에 남자를 걸며 여자가 말한다. 온몸에 벌레가 기어 다니는 것 같아 혼났어요. 청국장 이 냄새는 언제 빠져 나가요. 오지 말라는데 글쎄 뭐 하러 가요. 다음엔 애들과 외국 나가 있을 테니 당신 알아 하세요.

쓸쓸해 보이니

먼 길 갈 때 차라리 혼자이었기를
처음부터 그림자 없는 어둔 밤길 혼자 걸었어야 했으리
등 뒤로 길게 늘어나는 그림자의 슬픔 생각지 못하고
왜 쉽게 동행을 허락한 것일까

이제는 돌아갈 수 없는 아주 먼 길 걸어왔으니
그만 돌아가라 할 수가 없네
쓰러지거나 넘어지거나 함께 걸을 수밖에 없네

먼 길 갈 때 혼자는 왠지 쓸쓸해 보이니
슬퍼도 아름다우니 둘이 함께 가면 안 되겠느냐고
그녀가 물었네

대답하지 못했네

지금도 대답하지 못했네

이상한 촉수

나에겐 이상한 촉수 하나 있다
무언가 이것은 아닌 것 같은데
느낌이 오면
시시비비 논하기 전
온몸에 두드러기가 난다
몸이 굳어져 말이 나오지 않고
얼굴만 확확 달아오르는
맥박이 불규칙하며 몸이 오그라지는
왜소증상
이유와 논리를 말하지 못하면서
혼자 아무도 없는 곳에서
가슴 쓸어내리며 윽, 윽,
이것은 정말 아닌데 꺽, 꺽.
구토하는 화장실
괴물이 평생을 같이하는
온몸에 돋아나는 이상한 촉수

제3부 야생의 정신사

일두어(一蠹魚)*

지리산자락 산 높고 계곡 깊지 않은 곳 없다. 삼천리 유뱃길로 함양 땅에 온다. 가는 곳마다 물레방아 한없이 돌아돌아 살라 하고 깊은 산골 아름다워 나는 은곡이라 부른다. 호리병에 손 넣어 어떻게 새를 꺼낼 건가. 화두 벌써 깨우치고 술 한 잔에 껍질의 지식인 이렇게 쉽게 버릴 수 있는 것을, 머리는 야생마의 갈기 되고 이빨은 도망 가 찾을 수 없고 몰골은 고대 크로마뇽인으로 돌아가 한국의 산골 농부로 유네스코 유적으로 남는데 놀라워라, 내 집 가의 일두어 이틀 불어터진 계곡에서도 살아 노닌다. 물거슬러 올라가는 생명 어찌 너뿐이랴. 사랑 찾아 꿈을 찾아 생의 끝으로 기어이 오르는 저 먼 곳 1급수의 그리움. 맑고 깨끗하고 아름다운 곳. 그곳이 내가 찾아가는 고향. 나는 거슬러 황홀한 죽음으로 닿는다. 나 하나만의 그리운 물고기. 일두어

---

* 조선 오현의 한 사람 정여창의 호 일두. 용추 계곡 상류에 물고기를 거슬러 올라가게 하여 살게 하였다는 일화가 있다.

원시(原始)로 돌아가며

그간 밥이 된 책 나부랭이를 버리고 산골로 들어왔습니다. 덧없는 행보를 멈추었습니다. 귀가 들리지 않았습니다. 너무 많은 소리를 들은 귀는 쉬어야 했지요. 세상의 소리를 잃는다는 것이 너무 슬퍼 녹음기를 사들고 와 매일 틀어대고 들었습니다.

오랜 당뇨로 의사는 내게 곧 실명까지 선언했지요. 그래서 나는 최신의 LCD TV를 사들고 왔습니다. 그날부터 매일 소주 두세 병씩 까며 주야로 세상을 다 열어 보았습니다. 다시는 볼 수 없는 세상을 미리미리 보아두자 했지요

살아 있을 때 육체에게 다 해주자. 살아 있을 때 정신에게 다 해주자. 정신을 놓아 줍니다. 육체를 풀어 줍니다. 주변의 자동력을 거부합니다. 몸으로 해결합니다.

문명의 글자를 지워버립니다. 그러자 신기하게도 새 세상이 나타났습니다. 우울하게 허망하게 불편하게 망가져 간다고 생각했는데 전에 맛볼 수 없던 기쁨과 희열과 사

랑과 감정이 나타납니다. 형체가 풀어지며 신비한 세상이 나타납니다. 원시는 사라진 것이 아니라 부르면 지금도 달려오다니 놀라운 기쁨이 아닐 수 없습니다.

흑염소의 뿔

봄의 풀꽃들 피어나면서 염소의 발놀림 잦아진다
새벽 깨어나기도 전에 울타리를 갉는 소리
두두두득
가까이 하는 것은 무엇이던 들이박는 거부로
이마가 볼록해진다
산바람도 휘파람 타는 저편 계곡
호루라기 소리
호르륵호르륵호르륵
산골 아낙 입술 부어터지도록 불어대면
가파른 산비탈 황급히 내려오는 까만 흑염소 떼
여기저기 솟는 검은 뿔꽃
산골짝 신나게 헤쳐 재빠르게 달려온다
엄매에엄매에엄매에
그런 나날도 지나고 푸릇푸릇 봄날 그런 나날도 지나고
무엇도 모른 채 산을 제각기 떠나던 어린것들이
여름이 지나고 나면 고집스런 뿔의 한 가족을 이루고
바람의 노래 부르며 산비탈을 내려온다
수염 길게 늘어뜨린 할배 뿔 큰 바위에서 지켜본다

뿔이 솟아나고 뿔을 그리워할 수 있다면
그때부터 너의 생이 시작된 거다

멧돼지의 추억

벼나락 익을 무렵 어미를 좇아 슬슬 마을을 내려온다
부탄가스 펑펑 튀어 오르는 산비탈을 타고 줄줄이 탐험을 맛본다
형제들과 낯선 길을 다투면서
혹시 나를 버리려 하는 것이 아닐까
돌아올 길 잊어버리지 않으려 똥오줌 내지른다
잘 먹는 놈이 장자다
비탈을 잘 달려야 산다
상대를 만나면 빈틈 보이지 말고 무조건 박아라
하늘은 검푸스름하고 대지는 아늑하고 계곡은 신비롭다
가시덤불이며 무성한 풀꽃 밭 무더기로 짓밟으며 바람을 탈 때
몸 어딘가에 숙명처럼 박힌 야성이 쭈빗쭈빗 곤두선다
사물을 새기며 산짐승이 산에서 얼마나 아름다운지
어떻게 혼자 살아남아야 되는 건지
산에서 바라보는 마을의 불빛 황홀하고
그러나 아무리 그리워도 가까이 가서는 안 되는 이질의 경계

새끼가 죽음에 갇혀 있을 때 네 사랑이 저 너머 갇혀 있지 않는 한
넘어서는 안 된다는 죽음의 계율
산을 탈 때마다 나는 힘이 솟았다
나도 새끼를 거느릴 만한 때가 되면
검푸른 능선을 가로지르며 새끼들에게 말하리라
삶이 아름다운 적은 이때보다 없느니
잘 기억하라
죽음이 가까이 있을 때 너의 생이 가장 빛나 있다는 것을—

우포늪에서

자연과 사람과 시를 주제로 우포늪 비 내리는 밤에 시인들 모여 주라기니 중생대니 신생기니 바이오 시대니 통하지 않는 언어로 저마다 낄낄거리는데 나는 얼마나 진화한 크로마뇽인일까. 나는 얼마나 퇴보한 호모사피엔스일까.

머리와 입만 발달한 불편한 시인은 이 시대의 변이종이 틀림없는데 감정을 게우려 질퍽질퍽 비 젖은 늪지로 빠져드는데 늪지의 지렁이들, 도롱뇽들, 물방개들, 꽃뱀들. 슬슬 기어 나와 원초의 몸을 비비 꼬며 오, 댄스하는 귀여운 것들.

늪에서는 죽음이라 믿었던 것들이 일순 생이 되고 늪에서는 증오라 믿었던 것들이 일순 사랑이 되어 원초에 원초를 건너뛰어 어떤 생명이든지 될 수 있다니. 축축하니 늘 젖어 있는 원초의 이 슬픔도 종의 기원으로 그리움도 되고 사랑도 될 수 있다니 이해해다오. 인간아.

빙하의 추억

한겨울 속 묻힌 추억은
죽음을 떠나 하얗게 순백이 되어 있다
붉은 꽃잎들 또한 그대로 묻혀
그때의 따스함을 간직하고
얼음 꽃이 된 사랑의 열매들
계곡 언저리에 산 채로 맺혀 헝클어져 있다
벗어난 운명의 바위 틈새를 건너뛰고
넘어 다닌 어린 고라니, 새끼 너구리
때론 노루 발자국이 어지러이 눈가에 남아
거짓 없던 청춘을 판화로 찍어 놓았다
생은 생 그대로 아름답고 황홀하다
꿈꾸는 나뭇가지 끝에서 산비둘기가 날자
마법의 황금 깃털인양
숲은 쩡쩡 소리를 내며 움직였고
여기저기에서 신생(新生)이 하얗게 일어났다
봄이 오면 빙하의 추억이 녹아
산을 덮을 것이다

야생의 정신사 1

어미는 버려진 숲에 나를 데리고 다녔다. 혹한의 겨울 능선을 걷게 했고 사흘 굶주림 속에서 얼음장 바위를 건너뛰게 했다. 깜깜한 동굴에서 인광의 눈을 뜨고 웅크린 채 사물을 구별하라고 다그쳤다. 푸른 새벽이 어떻게 다가오는가를 바라보게 하고 발이나 팔이 게으르면 어떤 위험에 빠지는가를 알게 했다.

그림자를 밟고 걷는, 소리를 구분하는, 바람을 타는, 냄새를 구별하는, 방향을 잃지 않는 법들을 몸에 새기어 주었다. 두 발 인간의 술수와 덫에 걸려 두 밤 내내 피 흘리며 죽어가는 이웃의 현장을 떠나지 못하게 하고 기도하라고 명령했다. 누구를 위하여 같이 울어주는 것이 자기를 위하여 우는 것이라고.

산 그리매가 숲을 덮기 시작하면 그분이 잊지 않고 우리를 찾아와 기다란 팔로 안아 준다고 말했다. 너를 낳고 기르는 것은 에미지만 네가 야생에서 살 수 있는 것은 그분 때문이다. 아침이면 너는 능선 너머 그분의 모습을 보게 될 것이다. 그분의 고마움을 잊어서는 안 된다. 나는 아직 그를 만나보지 못했다. 도대체 그는 누구인가?

야간비행

어둠이 깔리면 사물의 경계
무너진다
허공에 중심을 세우고 원을 그리는
비행은 어지럽다
까마득한 세상을 내려다보며 빙 빙
사물의 원근과 간격을 구분할 때까지
생의 반은 어둠에서
반은 허공에 떠서
털이 일어서는 혹독한 독도법 훈련으로
생의 허공을 강건하게 가른다
별이 아름다워 비행한 것이 아니다
칠흑의 어둠이 좋아 비행한 것이 아니다
의젓하게
당당하게
품위 있게 빙 빙
까마득히 높은 하늘에서 바람을 탄 것은
캄캄한 외로움 때문이다
캄캄이 정말 무엇인지 알고 싶어 밤에 날았다

외로움이 정말 무엇인지 알고 싶어 혼자 날았다
높다는 것이 무얼까
날개를 가졌다면 한 번쯤
하늘 끝을 가보아야 하지 않을까 생각한 그것
죽기 전에 한번 해보자 한 그것
날개가 아름답다는 것을
기쁨이라는 것을
날면서 알게 되었다

제주 경마장 1번마

금악의 벌판을 말이 달린다
숨차게 달린 바다의 끝에서
더는 달릴 수 없어 운명을 거꾸로 세운다
고삐 풀고 어디라도 달린
야생마는 운명의 주인을 탓하지 않는다

풀을 뜯다 일순 문이 열리면
제주 경마장 1번마는 달린다
환호 속에 전력으로 질주한다
내가 달린 것은 트랙이 아니라
야생의 찔레꽃 들판일 뿐

대지의 냄새가 슬금슬금 나고
가시가 살갗을 속속들이 찌르고
갈기 날리면
생의 비늘들이 반짝이고 출렁인다
나와 함께 쏜살같이 비껴나간다

살아 있는 동안 피할 수 있는 것은 없다
그리움으로 달리는 질주
쇠사슬을 끌고라도 달려야 살아 있음을 느끼는
나는 제주 경마장 1번마이다

산짐승

그리워라, 산짐승
계곡을 헤쳐 내려와
집 근처 서성이는 눈물의 그리움
어쩌지 못해 그냥 갑니다

다 버렸는데 발자욱 지울 수 없어
흔적 남기며 돌아갑니다
봄이 오면 피어나는 꽃길 보시겠지요

보이지 않는 길을 따라
죽음의 사랑 알면서 그리워
한 길 내려왔다 한 길로 올라갑니다

산으로 이어지는 산 울음
짐승 다 울고 돌아간 길을
나 홀로 어둠 타고 산길 오릅니다

아무리 다녔어도 산은 깊어

알 수 없는 길
혼자의 길을 내려왔다 가는 산짐승
불빛이 그리워
죽음의 경계까지 왔다 돌아갑니다

은곡(隱谷)의 겨울

은곡은 〈철도원〉 홋카이도
호루마이 마을 같은 곳
눈으로 고립된 지 1주일
조금씩 마을로 내려갔다가
다시 돌아와 고립된다
고립은 죽음인 줄 알았는데
불씨처럼 바람 속에서도 죽지 않고
살아나
타인을 간직한다
저수지 끝에서 손과 발, 귓불 얼어
얼얼하고
없음은 슬픔인지 그리움 눈발 되어
산 계곡 어디든 쌓이고
나의 가시두릅
잎도 꽃도 없이
가시 하나로 겨울을 안고 있다
은곡에 산수유 노란 꽃 꽂고
마을버스 산비탈 꼬불꼬불 오를 때

나도 가시 끝 푸른 잎 물고

너를 기다리고 있으리라

산행 1

사흘 밤낮 내린 눈으로 고립된 겨울
고요가 아, 아, 소리친다
나뭇가지 툭툭 부러지는 겨울소리 들으며
플라스틱 삽 하나로 눈을 쳐내 길을 내는
나의 무모함
어제 귀가하지 못한
산토끼를 위해
나는 흔적을 만든다
아무도 지나지 않은 신세계
이만한 폭설이면
사랑은 더듬어 오리라

산행 2

두꺼운 등산복에 얼굴을 가린 사내
그 뒤로 꼭 서너 발자국 떨어져
얼굴을 가리고 묵묵히 따라 오르는 여자
폭설이 내리고 난 다음 날이면
그들은 꼭 이 길을 지난다
손도 잡지 않고 떨어져서
서로 홀로 묵묵히 오르는 산행
무슨 사연이 있는 것일까
이 발자국 끝까지 가면 허공에 닿겠지
눈은 내려 길을 지우고
산 끝엔 아무 길이 없다
세상 끝에 가야만 끝나는 길을
그들은 말없이 오르고 있는 것일까

야생의 정신사 2

산양이 풀을 먹고 악어가 코끼리를 먹고 하이에나가 물소를 먹고 초록뱀이 개구리를 먹고 산 자는 산 자를 먹고 먹이사슬이 먹이사슬을 먹는다.

사자는 평원을 바라본다. 들판과 강가에서 벌어졌던 그 많은 생과 죽음을 바라본다. 야망에 찼던 눈동자며 움직하던 귓날이며 강건했던 네 발과 날카로웠던 이빨과 네 발을 기억한다. 바람에 섞여오던 짐승들의 냄새며 육질의 피 맛이며 어둠에서 날던 민첩함을 추억한다. 새끼의 배고픔과 귀여움을 저 너른 평원을 바라보며 추억하다 그 자리에 쓰러진다.

원시의 가장 나약했던 오스트랄로피테쿠스도 산하에서 생각한다. 무엇을 잡아먹을까. 무엇을 먹어야 이 야성은 채워지는 것일까. 이삭이 아브라함을 먹고 야곱은 이삭을 먹고 유다와 그의 형제는 야곱을 먹고 새끼는 어미를 먹고 새끼의 새끼는 어미의 어미를 먹고 사자는 아직도 알 수 없다. 보잘 것 없는 두 발만으로 서서 다니는 주먹만 한 짐승. 서서 때로 불을 가지고 시도 때도 없이 숨었다 나타났다 하지만 날지 못하는 저 놈을 도무지 잡을 수 없다. 덫에 걸려 살려달라고 애원했지만 가지고 놀고 잡아먹다 춤을 추는 주먹만 한 작은 저 놈은 어디에서 온 것일까. 저 놈의 무기는 무엇이길래 나는 죽고 저 놈은 살아남는 걸까. 짐승의 종(種)에서 가장 난해하고 지독한 저 놈. 저 놈의 끝은 어찌될까.

도끼질을 하다

도끼질도 도끼질해본 사람이 한다
한방에 나가는 참나무 장작
쩍쩍 갈라진다
비 오는 날 나무의 울음이
시퍼런 날을 안으로 거두어 드린다
도끼날을 빼려 용을 써도 꿈쩍없다
나무가 울고 있을 때는
아무리 날선 도끼날이라도
나무를 가르지 못한다
도끼질 30년 해보면
나무의 결을 타야
나무가 갈라진다는 것을 안다
사랑도 그렇다

제4부 함양감사 되어

산벗

산이 살아난다
별이 살아난다
내가 바라보는 능선
내가 바라보는 하늘
새롭다
가진 것 없이 살았는데
산골에 와서 마음이 부자
달과 별
산벗들은 흠뻑 취하여
저마다 놀다 가리라

아따, 병곡 투캅스

찌찌찌, 알았다 오바, wxyz, 5분내 출동. 쯔쯔쯔쯔…
우리 마을 순경 아저씨 50cc 오토바이 끌고 삐약 삐약
아따, 이 시골에 뭔 일이여?
덜덜덜덜 가는데 아따, 저기 물꼬 터져버렸네
배서방 논도 안 보고 뭐하능가
아따, 여기 감자밭 다 무너져버렸네
아따, 이 아짐씨 항상 고추밭 농사는 망친단 말여
아따, 독거촌 어르신 여기서 뭐 하시유. 타보시랑게
아따, 아따, 병곡은 아름답다
하루에 마을버스 세 번 왔다 가고 꽃은 종일 졸고
젊은이와 자식새끼는 토끼처럼 명절에만 보이고
개구리 울음소리 가득한 산골
아따, 병곡 투캅스 시도 때도 없이 나타나
동네 일 다 참견한다
아따, 병곡 투캅스 순경 아저씨 또 왔당가
꽃다운 꽃, 잎다운 잎
어깨에 빛나는 투캅스 꽃잎 네 개
병곡 마을에 항상 푸르다

함양감사 되어

그 옛날 함양감사 삼천리 부임길 울며
귀양 가던 함양 땅
이제 나 스스로 함양감사 되어
산 넘어 물 건너 함양 땅에 가네
한밭 지나 무주라
덕유 지나 구천동이라
지리산 능선 굽어굽어 들수록
빠져드는 속리(俗離)의 황홀경이여
얼마 만에 내 길 접어드는가
숨 쉴 수조차 없던 세상 버리고
내 사람 함께 찾아가는
함양 땅은
벌써 용추고 상림이고 병곡이네
천 년이 모자라면 만 년이라도
살고 지기 위하여
어명으로 찾아드네

지리산 원티 산골마을

지리산 원티 산골마을은 아름답다. 산과 계곡 논두렁 햇볕 사이사이로 봄날이 지나가고 마을 정자는 춘곤증에 벌써 졸고 오토바이 타고 하루 한번 싱긋 웃고 가는 우체부 아저씨. 산 고개 세 번 오르면 왔는지 갔는지 모르는 먼지만 피우는 거만한 버스기사 아저씨도 졸고

우리 마을 귀농하신 노가리 선생. 이게 말로만 듣던 송이버섯이라요? 꼭 거시기 닮았네. 독거촌 약초 아저씨. 무니 무니해도 된장에 머위 보쌈 이게 몸에 억시로 좋은 거라요. 호리병 목줄을 타고 내리는 원티에서는 사람이 하나 같이 순수해 덩달아 당당해진다

시인 아저씨, 제발 앞으로는 쐐주 그만 하시고요 원티의 멋진 시 하나 써 주이소. 아직도 순정을 곱씹는 얼짱 순경 아저씨 풋사랑 아내와 마을을 지킨답시고 졸고 있다. 낮엔 풀벌레 소리, 밤엔 개구리 소리 무법으로 아우성치는데 순경 아자씨, 잠 좀 자게 저 놈들 좀 묶어 주이소. 시인은 헛소리나 해 작싸고

세상의 가장 아름다운 원시에서 벌레를 지키는 우리 마을 순경 아저씨. 시인은 오늘도 술 한 잔 먹으며 산골에서

저 혼자 비분강개한다. 자고로 순경이란 마을의 풀벌레 하나라도 저렇게 초지일관 지키는 것이여. 산 그림자도 지쳤는지 늘어져 산마을 어귀에 기대었다가 여우비 꼬리 감추면 잠깐 들렀다 대봉산으로 넘어간다. 알싸한 더덕, 두릅, 도라지 냄새가 마을을 점령해버린 원티 산골마을은 지금 적막강산이다

불안한 산골

불빛만 보면 무작정 덤벼드는 온갖 날벌레 뛰어들며 뛰어들며 나도 한때 뛰어들며 살았던 미망들. 인두로 지진 머리 상처가 아물지 못했는지 오늘처럼 산속 깊은 곳에 밤비가 내리면 불안하기만 하다.

어디든 헤매어야 하는 역살 이곳에 박았는데도 산골은 적막하고 쓸쓸하다 못해 불안하기만 하다. 가뭄의 장마 끝 오감이 구멍마다 터지고 살아 있는 것은 모두 그리움. 어제 패다 만 장작의 무게 그대로 남아 나를 누르고 지리산 자락 아직 낯설어 멀리 아주 보이지 않을 때도 있지만 신선과 부처 어찌 그리 쉽게 만나지겠는가.

산골에 와서 무엇을 해야 할지 몰라 조금씩 불안해지는 밤. 아내는 신혼시절 가져온 재봉틀을 돌리다가 불가에 쓰러져 잠이 들고 나는 곁에서 내일도 불안해 텃밭 가꾸기 책을 보다 쓰러진다. 이제부터는 개구리 세상. 고요가 물가에서 도란거리고 있다.

내 윗집에 산적(山賊)이 산다

내 윗집에 산적이 산다. 세상에 맞지 않는 어정쩡한 웃음을 지으며 손바닥만 한 땅에 바람난 오미자 키우며 혼자 냇물처럼 산다. 하는 일 없이 심산유곡 슬슬 걸어나 다니고 세상일은 나 모르쇠 껑충껑충 넘어 다니고 햇빛 따뜻한 바위에 걸터앉아 오늘 구름 참 보기 좋네 헛소리나 한다.

세상에 내려간 적 없이 먹고도 안 먹고도 사는 그의 비법 알 수 없지만 은근히 심사 쏠려 소주 한 잔 하면 빙긋빙긋 웃기만 하고 에이, 선생님은 다 가지고 있고, 세상을 다 알지만 난 모르니까 이렇게 사는 거예요. 대학까지 나온 이웃의 바람난 오미자의 남자. 무엇이 그를 이렇게 살게 했을까.

산골 하나 갖고 세상 하나 버린 윗집에 무서운 산적은 가끔씩 와서 하나를 두고 하나를 가져간다. 산적이 왔다 간 날은 잘못 살아온 탐욕의 생이 뿌리째 흔들려 부끄러움에 눈물을 흘린다. 내가 믿었던 세상의 소유를 거의 빼앗긴 나는 이제 머리 깎을 일만 남았다.

귀하의 예금을 돌려드립니다

안녕하십니까?

저와 관계를 맺고 예금 계좌를 개설하시어 저를 항상 이용하여 주신 성원에 감사드립니다. 귀하께서 늘 사랑해주신 덕분에 이번에 승진되어 저 세상으로 발령 받아 전출가게 되었습니다. 일일이 찾아뵙고 감사의 말씀 드려야 하는데 그러지 못함을 무척 송구스럽게 생각합니다.

갑작스런 전출이라 귀하의 예금을 미처 처리하지 못한바 제반 절차를 거쳐 환급 대상 예금을 돌려드리고자 하오니 계좌를 확인하여 정리하시기 바랍니다.

혹 애증이나 물질의 불편부당한 사항이 있다면 후임 대리자 아들과 상담하여 주시고 그래도 해결하기 곤란한 사항이 있다면 직접 저의 세상을 방문하여 주시면 성의껏 처리토록 하겠습니다.

오랫동안 거래가 없어 휴면예금으로 처리되신 분이라도 작은 추억을 귀하의 소중한 재산이라 생각하여 돌려드리고자 하오니 해당 거래통장과 도장 신분증을 가지고 오셔서 정리하시기 바랍니다.

깨끗하게 살자. 자유롭게 살자. 즐겁게 살자. 믿음으로 살자. 사랑하며 살자라는 운영방침 아래 각종 사업에 투자하였습니다만 적잖은 손실도 발생했습니다. 맡겨주신 예금을 잘 관리하여 아름다운 세상을 이루어 나가는데 도움이 되고자 하였으나 뜻대로 되지 않아 아쉬움이 남습니다만 다음 기회가 온다면 꼭 꿈이 맑고 아름답게 이루어지도록 최선의 노력을 다할 것을 약속드립니다.

귀하의 가정에 건강과 행운이 가득하시길 기원합니다. 안녕히 계십시오.

아　　래

1. 정리기일: 전출 전

2. 환급 대상 예금

환급 대상자	계좌번호	예탁금	비고
직계존속	1	무한	1 존재는 기쁨이나 슬픔이나 같다
친우	2	정신적 유무상 유가증권	2 용기는 자신을 받아들이는 것이다
관계된 남.녀	3	정신적 육체적 담보	3 인간보다 재미난 동물은 없다
생활관련자	4	이해적 인간 동질성	4 좋은 게 좋은 것이고 나쁜 게 나쁜 것이다
직장관련자	5	권리와 의무 채권	5 받은 만큼 책임을 다하는 어리석음
각종 단체 가입자	6	그림자	6 그들이 누구인가

고가(古家)

부모님이 물려준 유택(遺宅)
때가 다 됐는지 불혹(不惑)이 넘자 대들보 휘어지고
벽과 문 금가고 틈나기 시작한다
화초담도 추녀 끝도 무너져 나간다

비바람 치는 날에 덜컹거리는 뼈대들
아내는 몇 번이나 개수하자고 하지만
손 저어 그냥 그렇게 살아가자고 한다

노송은 거꾸로 굽어 나가고
풀 이끼 무성히 졸졸 흐르는 냇가
은은한 어둠을 깔고 앉은 문갑과 문방사우가
슬쩍 세월을 엿본다

삼대를 잇는 장맛이나 잘 간직하구려
이제 와서 고치기는 무엇
아내의 치맛자락이 문간을 스치고

골짜기를 타고 생솔 푸른 연기
자욱 피어오르는 여여당(茹餘堂)
고가는 몇 대라고 할 것 없이
옛날부터 자연으로 회귀하고 있다

아내의 시

시인인 아내는 시에 대하여 무심하달 수밖에 없다
시를 뭐 하러 읽어요
개망초 초롱꽃 달맞이꽃만 보아도 다 시더구만
시를 뭐 하러 써요
지하도나 거리 어슬렁거리면 사람이 다 시이고 소설이더구만

요즘 집안이 산만해졌다
책상이나 화장대 소파 여기저기 나뒹구는 책들
화장실에서 무심코 펼쳐본 책갈피 사이로
후드득 떨어지는 마른 꽃잎들

『문학동네』를 펴본다
노랑제비꽃, 술패랭이, 산매발톱,
『시와시학』을 펴본다
노루귀, 물봉선, 상사화
박정만 시집엔 개구리밥들 가득 들어 있다
그녀는 시인입네 하는 나의 뒤통수 늘 이렇게 친다

추억과 사랑이 떨어진다
꽃잎과 음표가 그녀의 내밀한 비밀에 걸려 있다
좋아하는 싯귀에 꼭꼭 숨겨 놓고
배접해 놓은
놀랍고도 경이로운 꽃의 정원

나비 떼 팔랑팔랑 날아오른다
새 떼는 갈대숲을 빗겨 푸른 하늘로 날아오른다
산수화로 남아 번지어 가는
그녀의 순정시

그녀는 나와의 사랑을 그렇게 배접해 놓고
아무도 모르게 숨기고
시와 같이 살며
인생을 되새김질한다

벚꽃 함께 지는 남자

나는 어제 바람 맞았다. 아내가 가방 들고 집을 나간 것이다. 당신이 담배 끊었다는 소식이 들리면 돌아올게요. 졸지에 고아가 된 나는 아침은 굶고 점심은 라면을 먹고 저녁은 중국집에서 볶음밥을 먹는다. 삼십 년을 살며 나눈 사랑이 하루아침에 인스턴트 생으로 바뀌어 라면은 이제 나의 주식이 되었다. 고무신짝처럼 버릴 것을 버리고 용감히 자기 세상을 찾아 떠난 아내. 연기를 이십 년 피었으니 이십 년쯤 지나서 돌아오리라.

왜 나는 이 나이에 고아가 되지. 혹 아내가 일본여자였는가. 정말 아내는 담배 때문에 떠난 것일까. 봄날 벚꽃 함께 한없이 지는 남자.

밤길

밤길 집에 오르다 보면
새끼 고라니 얼마나 외로웠는지
길가에 나와 겅중거리다 놀란 눈으로
숲에 숨는다
밤 고양이도 오소리도 텃새도
밤길 가다 마주친다
이 밤 얼마나 외로웠으면
외진 길가에 나앉아 펑펑 우는 것일까
나도 집으로 가면서
산길 오르며 흐느낀 적 있다
무언가 잘못 산 것 같아
적막한 산골 집으로 가면서
알지 못할 눈물에 흐릿한 길 더듬으며
무엇에 자석처럼 이끌리며
눈물 펑펑 흘리며 어릿어릿 집으로 간 적 있다

오도(悟道)를 넘으며

달 이끌리는 대로 가면 인월(引月)
산들은 재갈재갈 작은 천을 내놓고 산내(山內)
말이 하늘을 닿을 듯 달리는 산하에 닿으면 마천(馬天)
그대, 반쯤은 땡중 된 거다
물이라 건너지 못하고
산이라 넘을 수 없다면
그대, 소리 따라 걸어라
한 세월 모자른 듯 걷다 보면
오도재에 닿기도 하려니와
청매 조오선사
길의 끝 갔다 왜 다시 돌아왔을까
슬픔이 왜 아름다움이 될까
미움이 왜 그리움이 될까
비오는 날 오도재를 넘어
그대의 쓸쓸하고 아름다운 산
찾아간다

무아지경

눈밭 고양이 발자국
얌전히 두 줄로 개집에 들어가 있다

그대 생각 내 생각
철모르는 청춘이 깔깔깔
춤추다 발목 삐고
사랑도 얼어 죽은 입춘대길

취한 산천 쩌렁쩌렁 소리치며
길을 내고
허당에 묻힌 꽃
무엇도 모르고 불쑥 내밀다
봄은. 이크, 무슨 봄
지끈 눈 감으며
아직 멀었네 이 사람은

작은 꽃

내 여자 키 작다
손이며 옷이며 가방이며
젖가슴도 손 안에 들어와
벗어나지 않는
저만한 아주 작은 꽃

화장실에 들어가면
치약 묻혀진 칫솔 놓여 있고
나오면 상큼한 팬티와 런닝
문가에 켜져 있는
흰 수건 들고 부끄럽게 서 있는

방을 들락날락거릴 때
앞을 가로막으며
나와 춤추려고?
나랑 입 맞추려고?
나를 위한 시 쓰려고?
하나같이 작은 몸짓에

나는 소리친다
이 가시나 오늘 와 그러나?

다리 하나 들어 허벅지에 올려놓고
팔 하나쯤은 미안스러워 괴어놓고
작은 꽃이 다치지 않기 바라며
꽃받침으로 기뻐 잠이 드는 산골

마당가 자귀나무꽃 핀 그늘 아래
오래도록 바라보았던 작은 꽃 하나

부처도 할 수 없이

눈 안에 부처
눈 밖에 부처
휘휘 바람 일구어
오체투지 백팔 배

문수보살 관음보살 사이 아미타불
됐다. 이놈아,
이젠 제발 그만 하거라
자꾸 도망가려 한다

저 눏의 부처
째진 눈으로
귀만 커다래 가지고
자비도 개뿔 아니면서 히죽이는
네 놈 안에 법이 있느니라 외치는

좋아요. 좋아
삼만사천 배 백팔 번은 할 테니

귀찮으면 업을 녹이시던지 연을 끊던지
약사존불 움켜진 저 약단지
아예 바닥에 떨구시든지

딩딩딩 법고도 딩딩딩 목어도
딩딩딩 범종도
삼라만상이 딩딩딩

이거 하루라도 편할 날이 있어야지
밤잠 설친 부처도 할 수 없이
가운데 토막 쓱 잘라 내던진다
이놈아, 다시는 오지 마라

그럼 그렇지
예부터 내려오는 빌고 비는
지어미 지아비 치성
이기는 부처 나는 보지 못했네

두발자전거

두 팔은 가고 두 발은 따라간다
무명치마의 소녀는 치마 끝 잡으며
서너 마당 돌아 교문 시원하게 벗어난다
나풀나풀 멀어지는 소녀
나는 풀밭을 일어나 힘껏 달린다
바람 속 휘파람 소리 휙휙 지나고
은빛 바퀴는 햇살을 가른다
소녀는 어느덧 산을 넘어 아이를 데리고
숲으로 가고
나는 아직 파란 추억을 따라 숲을 달려간다
바퀴가 지나는 곳마다 산꽃이 피고
하얀 웃음 바람에 흩어진다
두발자전거 깊은 산골 뜰 한 켠에 쓰러져 있을까
자전거는 녹슬어 풀잎에 묻혀 있고
무명치마의 여인 풀잎 사이로
하얀 옷가지들을 널고 있다
녹슨 바퀴를 돌린다
여자에게 믿어달라고 애원했던 더듬던 말들이

죽지 않고
어슷어슷 돌아가는 살들 사이로 살아 나온다
조금도 변하지 않은 차륜의 간격 속에서
세월은 사랑을 간직하고 있다가 하나씩 돌아간다

꿈에 섬을 보네

당신은 기억에 남는 사람
당신은 추억에 남는 사람
쓸쓸한 거리에서 아름다이 오고가는 사람

안타까이 나는 추억을 버린
안타까이 나는 사랑을 버린
어제의 거리에서 수많은 사람을
나는 스쳐가네
나는 잊었네

아아, 우리의 인생은
꿈처럼 아무렇지 않게 흘러가지만
달려가지만

알지 못할 허망이
잡지 못할 운명이
안개처럼 피어나는 아련한 꿈이

슬픔이라 말할까
기쁨이라 말할까
운명이라 말할까

바다를 보네
꿈에 제주바다를 보네
섬을 보네
꿈에 제주바다
꽃 같은 섬을 보네

해설

원시의 상상력과 야생의 정신

이성천 문학평론가

1. 원시적 상상력, 그 '마음'에로의 초대

첫 시집 『꿈꾸는 섬』에서부터 『우주로의 초대』, 『제주수선화』, 『식물도 자살한다』에 이르는 문복주의 시세계에는 시인의 순정한 마음이 빼곡하게 담겨 있다. 이 말은 결코 서정시 장르의 본래적 특성을 환기하거나, 이제까지 발표된 그의 시집에 마음이라는 시어가 빈번하게 적재되어 있다는 사실을 지적하는 것이 아니다. 문복주의 시들은 대부분 '섬', '우주', '제주수선화', '식물'과 같은 자연대상물이나 주변의 일상적 풍경들과 일차적으로 관계하면서도 궁극적으로는 시인의 내밀한 마음을 현상하는 데 주력해왔다. 다시 말해 그의 시는 자신의 내면을 작품의 전위에서 드러내놓고 다루지는 않되, 종국에는 시인의 현재적 심리상황을 강하게 부각하는 특징을 보이고 있는 것이다. 이를 우리는 예전 그의 시적 표현을 활용하여 '마음에로의 초대'라고 명명해볼 수 있을 것인데, 그동안 시인은 이러한 마음의 형상과정을 통해 스스로의 내면을 정화하고 시심(詩心)을 고양시켜왔다.

『철학자 산들이』는 문복주 시인이 독자에게 보내온 다섯 번째 마음에로의 초대장이다. 아울러 이 시집은 이순(耳順)을 맞이한 그가 세상을 향해 '마음의 귀'를 열고 삶의 이치를 터득해가는 과정에서 생성한 완숙한 마음의 피조물이다. 이번 시집에서도 시인은 특유의 소박하면서도 정제된 언어를 동원하여 정갈한 마음의 무늬를 여지없이 빚어낸다. 금번에도 그의 시는 때때로 엉뚱하고 기발한 상상력을 활용하며 유쾌한 역설과 황홀한 아이러니의 미학적 공간으로 독자를 안내한다. 한 가지 특이한 것은 새 시집에서 시인은 자주 마음의 회귀현상을 보여준다는 점이다. 특히 이번에 시인의 마음이 회귀하는 상징적 장소는 단연 '원시(原始)'인데, 여기서의 '원시'란 가령 이런 것이다.

그간 밥이 된 책 나부랭이를 버리고 산골로 들어왔습니다.
덧없는 행보를 멈추었습니다. 귀가 들리지 않았습니다. 너무 많은 소리를 들은 귀는 쉬어야 했지요. 세상의 소리를 잃는다는 것이 너무 슬퍼 녹음기를 사들고 와 매일 틀어대고 들었습니다.

오랜 당뇨로 의사는 내게 곧 실명까지 선언했지요. 그래서 나는 최신의 LCD TV를 사들고 왔습니다. 그날부터 매일 소주 두세 병씩 까며 주야로 세상을 다 열어 보았습니다. 다시는 볼 수 없는 세상을 미리미리 보아두자 했지요

살아 있을 때 육체에게 다 해주자. 살아 있을 때 정신에게 다 해주자. 정신을 놓아 줍니다. 육체를 풀어 줍니다. 주변의 자동력을 거부합니다. 몸으로 해결합니다.

문명의 글자를 지워버립니다. 그러자 신기하게도 새 세상이 나타났습니다. 우울하게 허망하게 불편하게 망가져 간다고 생각했는데 전에 맛볼 수 없던 기쁨과 희열과 사랑과 감정이 나타납니다. 형체가 풀어지며 신비한 세상이 나타납니다. 원시는 사라진 것이 아니라 부르면 지금도 달려오다니 놀라운 기쁨이 아닐 수 없습니다.

—「원시(原始)로 돌아가며」 부분

인용시에서 '원시(原始)'의 상징적 의미를 파악하는 것

은 그리 어려운 일이 아니다. 각각의 연에서 순차적으로 제시된 "너무 많은 소리를 들은 귀"와 '실명'의 위기에 처해 있을 정도로 피로해진 눈의 감각, 이로 인해 남은 세월 동안만이라도 '살아 있을 때' 육체와 정신에게 '다 해주자'라고 끊임없이 되뇌는 시적 화자의 침통한 목소리는 역설적으로 원시의 의미를 짐작케 한다. 더욱이 마지막 연에 이르면 원시의 시적 의미는 더욱 선명하게 전달된다. "문명의 글자를 지워버리"는 시인의 행위가 바로 그것이다. 결국 시인에게 원시의 공간이란 물질문명의 논리가 전일적으로 지배하는 세계의 "형체가 풀어"질 때 "나타나는 새 세상"이자 "신비한 세상"이다. 그리고 그것은 현실 자본주의 문명의 모든 것을 '놓아'주고 '풀어'주고 내려놓는 순간, 재현된다.

이렇게 보면 시인의 말마따나 "원시는 사라진 것이 아니라 부르면 지금도 달려오"는 현존하는 공간이다. 그것은 인간 존재 누구나의 마음속에 저장된 현재진행형의 시간이다. 그렇다면 우리는 어떤 경로를 통하여 원시의 그 찬연한 시공간으로 진입할 수 있을 것인가. 이 물음을 앞에 두고 문복주 시인은 다시 한 번 우리에게 마음의 중요성을 암묵적으로 전언한다. 삶의 고유성을 망각하고 현실수행 원칙으로부터 인간화의 미덕을 빼앗긴 공간에서의 "덧없는 행보를 멈추"려는 깨달음의 마음과 "주변의 자동력을 거부"하고 본원적 삶의 세계로 회귀하려는 마음의 의지가 그 세부 항목이다. "기쁨과 희열과 사랑"의 감정이 넘쳐나는 '원시 세상'으로의 재진입은 현존재의 자각의지, 성급하게 말하자면 개별 주체의 '마음먹기'에 달려있다고 그의 시는 거듭 강조하는 것이다.

이처럼 문복주 시인에게 마음의 깨달음은 이제는 우리 곁에서 사라진(사라져가는) 소중한 존재와 그리움의 '세상'을 복원하는 핵심요소로 작용한다. 더 나아가 이런 시인의 마음은 "죽음이라 믿었던 것들이 일순 생이 되고" "증오라 믿었던 것들이 일순 사랑이 되어 원초에 원초를 건너뛰어 어떤 생명이든지 될 수 있"(「우포늪에서」)는 원초적 생명력을 목도하게 한다. 이쯤 되면 이 글이 도입부에서 이번 문복주의 시집을 완숙한 마음에로의 초대장이라고 비유한 이유도 분명해진다. 현재 시인은 "파란만장"했던 자신의 삶을 반추하며 '원시'의 상상력과 '야생의 정신'과 '철학자'의 사유를 매개하여 성숙한 마음의 작업을 이어가고 있는 것이다. "마음으로 기어이 찾아가는/파란만장"(「파란만장 1」)의 시구와 "아무리 캄캄해도/걸어가는 길의 끝/마음의 저 불빛 하나면 충분하다"(「길은 캄캄하다」)의 대목에 등장하는 시인 마음의 형상도 이런 맥락에서 쉽게 이해가 가능하다. 지금 문복주의 마음은 "시와 같이 살며/인생을 되새김질"(「아내의 시」)하고 있는 것이다.

2. 야생의 정신과 '산골'에의 회귀

문명과 진보의 논리로 철저하게 규정되는 현대사회에서 인간은 누구나 현실 원칙에 기초한 억압적이고 통제된 삶을 살아간다. 혹시라도 누군가 '지금/여기'의 위계질서를 무시하고 터무니없이 '원시'의 지대, 또는 '산골'과 '야생' 등으로 대변되는 원초적 낭만의 공간으로 회귀하려고 애쓴다면 그는 현실세계에서 영구 추방당할지도 모른다. 앞만 보고 "전속력으로 달려"(「파블로프의 개」)가는 세계 체제에서 "원시로 돌아가"는 상상력을 발현하거나, "야생의 정신"을 추억하며 "산골로 들어가" "기쁨으로 가는 자연 그대로의 회귀"(「동백꽃 진 자리」) 따위를 운운하는 존재를 세계가 결코 용납하지 않는 까닭이다. 또한 일상의 상식 차원에 비추어 볼 때, 가끔씩 자연생명체와 자신을 동일시하며 "인간처럼 머리가 아닌"(「개코」) '짐승'의 본능적 감각으로 문명 발전의 법칙을 진단하고자 하는 예외적 존재들의 전복적 행위 역시 이 세계가 호락호락하게 용인할 수 없음도 물론이다. 예를 들면 "보잘 것 없는 두 발만으로 서서 다니는 주먹만 한 짐승. 서서 때로 불을 가지고 시도 때도 없이 숨었다 나타났다 하지만 날지 못하는 저 놈을 도무지 잡을 수 없다. 덫에 걸려 살려달라고 애원했지만 가지고 놀고 잡아먹다 춤을 추는 주먹만 한 작은 저 놈은 어디에서 온 것일까. 저 놈의 무기는 무엇이길래 나는 죽고 저 놈은 살아남는 걸까. 짐승의 종(種)에서 가장 난해하고 지독한 저 놈. 저 놈의 끝은 어찌될까."(「야생의 정신사 2」)와 같은 시적 인식이 여기에 해당한다. 다소간의 비약과 과장의 수사학이 동원되어 있기는 하지만, 이 장면에는 '놈'과 '무기'로 각각 지칭된 인간과 현실 문명의 모순상을 부정하고 거부하려는 시인 마음의 투철한 의지가 강도 높게 제기되어 있다.

문복주 시인의 시적 비극은 어쩌면 이 지점에서 시작될지도 모른다. 여전히 그는 원시적 상상력과 야생의 정신을 추억하며 현실세계를 복기하고자 하기 때문이다. '진화'와 '퇴보'(「우포늪에서」)로 이원화된 '직선적' 시간 의식이 전면적으로 횡행하는 이 시대에 시인은 지금 일종의 〈시간의 역전 현상〉을 주도하고 있는 것이다. 그런데, 그럼에도 불구하고 어쩐지 시인에게는 이 비극적 상황이 심각하게 받아들여지지 않는 듯하다. 오히려 그는 시인의식의 전환을 통해, 더 나아가 마음의 정화작업을 바탕으로 현실의 시계와는 동떨어진 '산골'의 낭만적 공간에서 새로운 삶을 꾸려가고자 한다. "세상에 맞지 않는 어정쩡한 웃음을 지으며 손바닥만 한 땅에 바람난 오미자 키우며 혼자 냇물처럼" 사는 산골 〈이방인〉의 삶을 마냥 부러워하고 있는 것이다.

내 윗집에 산적이 산다. 세상에 맞지 않는 어정쩡한 웃음을 지으며 손바닥만 한 땅에 바람난 오미자 키우며 혼자 냇물처럼 산다. 하는 일 없이 심산유곡 슬슬 걸어나 다니고 세상일은 나 모르쇠 껑충껑충 넘어 다니고 햇빛 따뜻한 바위에 걸터앉아 오늘 구름 참 보기 좋네 헛소리나 한다.

세상에 내려간 적 없이 먹고도 안 먹고도 사는 그의 비법 알 수 없지만 은근히 심사 쏠려 소주 한 잔 하면 빙긋빙긋 웃기만 하고 에이, 선생님은 다 가지고 있고, 세상을 다 알지만 난 모르니까 이렇게 사는 거예요. 대학까지 나온 이웃의 바람난 오미자의 남자. 무엇이 그를 이렇게 살게 했을까.

산골 하나 갖고 세상 하나 버린 윗집에 무서운 산적은 가끔씩 와서 하나를 두고 하나를 가져간다. 산적이 왔다 간 날은 잘못 살아온 탐욕의 생이 뿌리째 흔들려 부끄러움에 눈물을 흘린다. 내가 믿었던 세상의 소유를 거의 빼앗긴 나는 이제 머리 깎을 일만 남았다.

—「내 윗집에 산적이 산다」 전문

지금까지 문복주의 시에서 '원시'가 시인의 마음이 회귀하는 상상력의 공간으로 제시되었다면, 인용시의 '산골'은 원시가 구체적으로 현현된 장소의 대리물이다. 이

시의 '산골'에는 서로 다른 두 개의 인생이 교차한다. 산적의 삶과 화자인 '나'의 생애가 그것이다. 작품에 등장하는 산적은 "산골 하나 갖고 세상 하나 버린" 남자이다. 동시에 그는 "세상에 내려간 적 없이 먹고도 안 먹고도 사는" '비법'을 터득한 인물이며, 이 바쁜 세상에서 "하는 일 없이 심산유곡 슬슬 걸어나 다니고 세상일은 나 모르쇠" 하며 '헛소리'나 하는 〈비정상〉적인 존재이다. 일상의 문법구조에서 바라보면 이런 산적의 행위는 금기사항이다. 뿐만 아니라 그는 분명 〈정상적〉인 현실의 담론에서 추방의 대상이다. 그런데도 현재 화자는 "산골 하나 갖고 세상 하나 버린 윗집에 무서운 산적"의 삶을 대하며 "산적이 왔다 간 날은 잘못 살아온 탐욕의 생이 뿌리째 흔들려 부끄러움에 눈물을 흘린다." 그는 산적의 삶으로 인해 "내가 믿었던 세상의 소유를 거의 빼앗기"는 상실감을 체험하고 있다. 이 과정에서 시인은 〈정상〉과 〈비정상〉의 왜곡되고 뒤틀린 관계를 적나라하게 보여준다. "햇빛 따뜻한 바위"와 '구름' 등의 자연 사물에 동화되어 '냇물처럼' 살아가는 '산적'의 삶과 '탐욕'과 '소유'에 집착해온 '나'의 대비는 이 점을 단적으로 지시한다. 아울러 작품의 전반에서 감지되는 '어정쩡한 웃음'과 부끄러운 '눈물'의 대립적 정서는 이 시의 주제가 궁극적으로 어디를 향하고 있는가를 제시한다. 그것은 바로 '산골'과 '세상'의 심층적 의미, 다

름 아닌 그동안 "내가 믿었던 세상"의 우울한 맨얼굴이었던 것이다.

문복주 시 특유의 의뭉스러움과 아이러니의 미학이 가미된 「내 윗집에 산적이 산다」는 이렇듯 삶의 비의를 환기하고 인간 삶의 고유성을 회복하고자하는 시인의 마음을 내장하고 있다. 이 시에서 시인의 진솔한 감정은 시종일관 차분한 독백조로 진행된다. 그러면서도 본래적 삶을 향한 화자의 의지가 강렬하게 느껴지는데, 그것은 이 시가 자기의식의 변화단계를 거친 화자가 단정적으로 말하는 방식을 취하고 있기 때문이다. "내가 믿었던 세상의 소유를 거의 빼앗긴 나는 이제 머리 깎을 일만 남았다."의 부분은 그 한 예이다. 이는 현재 시인의 정서가 안정된 중심을 찾았음을 의미한다. 이즈음의 그의 시에서 고유한 삶과의 깊이 있는 교감과 따뜻한 감성이 느껴지는 것도 이러한 사정과 무관하지 않다.

3. 맺으며

상실과 모멸감, 자책과 회한의 정서로 점철된 현실의 시간들을 원시의 상상력과 야생의 정신으로 승화시켜 '허허'로운 산골의 삶을 〈선택〉하는 이 기막힌 마음의 반전은 시인에게 거저 얻어지지 않는다. 삶을 대하는 이 같은 성숙한 인식에 도달하기까지 문복주 시인은 오랜 세월을 절대적으로 필요로 했다. 어느덧 환갑(還甲)을 맞이한 시인의 생물학적 나이를 언급하는 것이 아니다. 거듭 강조하는바, 새 시집에는 '파란만장'했던 삶이지만 그것마저도 대긍정하며 스스로 인생의 철학을 터득해가는 시인의 모습이 자주 발견된다. "생은 생 그대로 아름답고 황홀하다"(「빙하의 추억」), "파란은 내가 푸르게 날았던 세상/만장은 내가 바라본 꽃 같은 죽음"(「파란만장 1」)과 같은 시적 잠언이나 레토릭은 이 지점에서 파생된 것이다.

한편 일상의 영역에서 길어 올린 유연한 상상력을 매개로 인생의 참된 의미를 배워가는 시편들은 이번 시집의 곳곳에서 만날 수 있다. 특히 '산들이'라는 개를 전면에 내세워 시인 나름의 철학적 사유를 개진한 제1부는 산들이를 위한, 산들이에 의한, 산들이의 시라고 할 만큼 시인이 생의 가장 낮은 지대로 내려가 삶의 보편적 가치를 견인하고 있다.

나를 향하여 전속력으로 달려오던 개
그러나 오, 놀라운 비극
목줄만큼의 간격에서 딱 멈춰서버린
오, 비정한 오, 불쌍한

나의 생이 그랬다

—「파블로프의 개」 전문

산 자의 어미는 아무리 늙어도 새끼를 잊지 않는 법.
〈중략〉
병곡 마을 길 한가운데서 새끼를 돌려달라고 끝까지 1인 시위하는 별난 개가 산다.

—「별난 개」 부분

금빛 월계관이 목줄이 되고 순은의 하얀 털외투가 가진 것 전부라도 믿음이 굴종의 인간보다 낫다며 시를 쓴 개.
〈중략〉
오늘도 개다운 것이 무엇일까를 사유하는 개.

—「개의 품계」 부분

위의 시편들에서 보이듯이 문복주의 시는 대개가 우리에게 익숙하고 평범한 소재를 차용하여 소박하고 간결한 언어로 표현한다. 그러나 이런 시적 소재의 평이성과 표현의 소박함이 곧바로 시적 단순함을 의미하지는 않는다. 비록 몇몇 그의 시가 부분적으로 내용전개의 단조로움을 노출하고 있기는 하나, 대다수의 시는 시인의 섬세한 감성을 바탕으로 특유의 서정을 분출하며 오늘날 현대 일상

인들의 메말라가는 정서를 자극하기에 부족함이 없다. 대체로 이 시들은 투박하고 건조한 삶이지만 그것을 적극적으로 수용하려는 시인의 따뜻한 마음 사이사이에서 자연스럽게 점화되어 생성된다. 더욱이 이즈음의 그의 시는 “무엇이든 보는 대로 새겨지고 느껴지고 기억되던 첫 만남들”(「자서」)을 소중히 간직하고자 한다.

이것이 문복주 시인의 다음 시집이 보다 기다려지는 이유이다.

문학의전당 시인선 144

철학자 산들이

© 문복주

초판 1쇄 인쇄 2012년 12월 24일
초판 1쇄 발행 2012년 12월 28일

지은이 문복주
펴낸이 김석봉
디자인 조동욱
펴낸곳 문학의전당
출판등록 제311-2012-000043호
주소 서울시 은평구 연서로11길 7-5 401호
편집실 서울시 마포구 공덕2동 404 풍림VIP빌딩 413호
전화 02-852-1977
팩스 02-852-1978
블로그 http://blog.naver.com/mhjd2003
전자우편 sbpoem@hanmail.net

ISBN 978-89-98096-14-4 03810

* 이 책은 경남문화재단 창작기금을 받아 제작되었습니다.